Illustration de couverture : *Pierre Fleury*

Le berger d'Andorre

El pastor d'Andorra

© *2016, Corinne Toupillier*
Réalisation: La Méridienne du Monde Rural
(1ère édition : avril 2012)

Éditeur : Books on Demand GmbH,
12/14 rond point des Champs Élysées, 75008 Paris, France
Impression : Books on Demand GmbH, Norderstedt, Allemagne

ISBN: 9782322113156
Dépôt légal: septembre 2016

Corinne TOUPILLIER

Le berger d'Andorre

El pastor d'Andorra

Association LA MERIDIENNE DU MONDE RURAL
93 rue Jules Ferry – 19110 BORT-LES-ORGUES
www.lameridiennedumonderural.fr

PRÒLEG

L'Associació La Méridienne du Monde Rural, l'objectiu de la qual és participar en el desenvolupament del món rural, ha volgut compartir i publicar, en col·laboració amb l'Institut du Comté de Foix, el relat *El pastor d'Andorra* en francès i en català:

A la fi del segle XIV, després de la mort el 1391 de Gastó Febus, comte de Foix, Corbeyran de Foix, senyor de Rabat i Fornets, senescal de Foix, acull durant l'hivern al seu castell de Rabat (Ravat) un pastor de les valls d'Andorra. Durant els vespres d'hivern, el pastor parla a la família senyorial i als qui viuen amb ells de la vida a Andorra. El pastor s'enamora d'una serventa del castell...

Corbeyran de Foix era un valerós cavaller del segle XIV del comtat de Foix. Estava molt unit al seu cosí Gastó III (Febus), de l'educació del qual es féu càrrec a petició d'Elionor de Comenge, comtessa de Foix.

Pel seu coratge personal, Corbeyran de Foix, anomenat el Valent arran de les expedicions contra els sarraïns, acompanyà en les seves gestes militars Gastó Febus, comte de Foix i cosobirà d'Andorra.

PREFACE

L'association La Méridienne du Monde Rural, qui a pour objet de participer au développement du monde rural, a souhaité faire connaître et publier, en partenariat avec l'Institut du Comté de Foix, le récit « Le berger d'Andorre », en français et en catalan :

A la fin du XIVème siècle, après la mort en 1391 de Gaston Fébus, comte de Foix, Corbeyran de Foix, seigneur de Rabat et de Fornex, sénéchal de Foix, accueille pour l'hiver dans son château de Rabat (Ravat) un berger des vallées d'Andorre. Celui-ci, lors des veillées d'hiver, parle à la famille seigneuriale et à l'entourage de Corbeyran de Foix de la vie en Andorre. Le berger s'éprend d'une servante du château...

Corbeyran de Foix était un chevalier valeureux du comté de Foix au XIVème siècle. Il fut très proche de son cousin Gaston III (Fébus) dont il assura l'éducation à la demande d'Eléonore de Comminges, comtesse de Foix.

Par ses qualités personnelles de bravoure, Corbeyran de Foix, surnommé le Valeureux lors d'expéditions contre les Maures, accompagna dans ses exploits guerriers Gaston Fébus, comte de Foix, co-suzerain de l'Andorre.

EL PASTOR D'ANDORRA

Nascut el 1321, Corbeyran de Foix, senyor de Rabat, de Fornets i d'altres llocs, es va casar el 1370 amb Ermengarda de Villars, filla del senescal de Tolosa. De constitució molt robusta, malgrat les guerres i les ferides que havia rebut en els seus combats a cavall, Corbeyran de Foix va viure fins al 1402. Va tenir de la seva dona quatre filles i un fill, Joan de Foix.

Corbeyran, que havia estat senescal de Foix en temps de Gastó III Febus, va tornar a ser nomenat senescal de Foix el 15 de desembre de 1391, poc després de la mort de Gastó. En aquell moment tenia setanta anys.

La història d'aquest llibre se situa en el marc del castell de Rabat, a l'antic comtat de Foix, a finals del segle XIV.

Dono molt sincerament les gràcies a l'Aliança Andorrano-Francesa, a Pites Roure, a Carme Cormand i a tots aquells que han acceptat contribuir a la traducció d'aquest llibre.

Anne de TYSSANDIER d'ESCOUS
Presidenta de La Méridienne du Monde Rural
i presidenta de l'Institut du Comté de Foix

Notes: - El primer pareatge d'Andorra, del 1278, signat per Pere d'Urtx, bisbe d'Urgell, i Roger Bernat III, comte de Foix, establia que el tribut, la qüestia, es pagués de manera rotativa un any al bisbe d'Urgell i un any al comte de Foix.
- Les lies i patzeries són acords entre les comunitats rurals per regular l'ús dels boscos, les pastures...

LE BERGER D'ANDORRE

Né vers 1321, Corbeyran de Foix, seigneur de Rabat, de Fornex et autres lieux, se maria en 1370 avec Mengarde de Villars, fille du sénéchal de Toulouse. De constitution très robuste, malgré les guerres et les blessures qu'il reçut quand il combattait à cheval, Corbeyran de Foix vécut jusqu'en 1402. Il eut de son épouse quatre filles et un fils, Jean de Foix.

Corbeyran de Foix, qui avait été sénéchal de Foix du temps de Gaston III Fébus, fut de nouveau nommé sénéchal de Foix, le 15 décembre 1391, peu après la mort de Gaston Fébus. A cette époque-là, il avait soixante dix ans.

C'est dans le cadre du château de Rabat, dans l'ancien comté de Foix, à la fin du XIVème siècle, que le récit de ce livre se situe.

Je remercie bien vivement l'Aliança Andorrano-Francesa Pites Roure, Carme Cormand Muñoz et tous ceux qui ont accepté de contribuer à la traduction de cet ouvrage.

Anne de TYSSANDIER d'ESCOUS
Présidente de La Méridienne du Monde Rural
et Présidente de l'Institut du Comté de Foix

Notes: - Le premier paréage d'Andorre, de 1278, signé entre Pere d'Urg évêque d'Urgell et Roger Bernard (Bernat) III comte de Foix précisait que le tribut, questia, serait payé à tour de rôle, un an à l'évêque d'Urgell et un an au comte de Foix.
- les "lies et passeries" sont des accords passés entre des communautés rurales pour régler l'usage des bois, des pâturages...

El pastor d'Andorra

La Perrine s'havia abrigat bé. Li semblava que, d'uns anys ençà, el temps havia canviat força; els hiverns eren cada vegada més freds i més llargs, i els estius ja no eren com abans, tan humits que molts conreus es podrien al camp. Aquest any, fins i tot l'aigua del riu s'havia gelat i molts arbres havien caigut a causa d'un vent que aixecava les pedres!

Serventa al castell de Rabat, anava amb passos lleugers a buscar el pa al poble pel caminet que passa davant el molí. Tot el paisatge estava cobert d'un magnífic mantell de neu.

A la Perrine li agradava anar al poble perquè així s'assabentava de les notícies gràcies als venedors ambulants. Hi anava a comprar el pa integral, que seria el plat fort de l'àpat, mentre que la carn, el formatge o les verdures en serien l'acompanyament. Avui en menjarien amb la sopa, en lloc de les coques de cereals, per variar una mica. Calia estalviar el porc, si el volien fer durar tot l'hivern.

A la tornada, apressà el pas, però malgrat la seva cautela, va relliscar i va caure ben llarga damunt la neu. Amb els braços en l'aire, però, va poder protegir el pa!

LE BERGER D'ANDORRE

Le berger d'Andorre

$\mathcal{P}$errine s'était bien emmitouflée. Elle trouvait que depuis quelques années le temps avait bien changé ; les hivers étaient de plus en plus froids et aussi plus longs, les étés n'étaient plus ce qu'ils étaient, tellement humides qu'une partie des récoltes pourrissaient sur pied. Cette année l'eau du ruisseau avait même été prise dans les glaces et les arbres tombaient à cause d'un vent à décorner les bœufs !

Servante au château de Rabat, elle s'en allait à pas rapides chercher du pain au bourg qu'elle rejoignait par le petit sentier qui passe devant le moulin. Tout le paysage était recouvert d'un magnifique manteau neigeux.

Perrine aimait se rendre au village car elle y apprenait les nouvelles grâce aux marchands itinérants. Elle allait y acheter le pain gris qui composerait l'essentiel du repas tandis que viande, fromages ou légumes formeraient son companage. Aujourd'hui on le mangerait pour changer des galettes de céréales, avec une soupe. Il fallait économiser le cochon, si on voulait faire tout l'hiver avec.

Au retour elle pressa le pas, mais malgré sa prudence glissa et s'étala lamentablement dans la neige. Gardant le bras en l'air elle parvint néanmoins à protéger son pain !

Un braç poderós l'alçà abans que tingués temps de reaccionar!
—Gràcies —va murmurar, sorpresa.
—Que us heu fet mal?
La Perrine tenia problemes per entendre aquell noi. Endevinava el que li deia, més que res.
—No, estic bé, gràcies.
—On aneu així, estimada?
—Al castell de Rabat, on serveixo. I vós, què feu?
Ell també se la mirà interrogador.
—He deixat la meva vall per buscar feina. Durant l'hivern les meves ovelles són a la pleta i s'han d'alimentar. El vostre senyor no tindria pas cap feina per a mi, per casualitat?

La jove feia esforços per entendre aquell accent tan marcat.
—Veniu amb mi i li podreu demanar vós mateix.
—Doncs us podria donar el braç per evitar que caiguéssiu!
Va unir el gest a la paraula, i la Perrine es va posar vermella, però no va dir res.
—Com es diu, el vostre senyor?
—És el senescal de Foix, Corbeyran, senyor de Rabat.

Aquest, rere el seu finestral de vidre opalí, veié la Perrine atansar-se acompanyada del jove. Tots dos reien. Estava intrigat, la seva criada no era de la mena de noies que anirien amb un desconegut. Qui li portava al castell, doncs?

Un bras puissant la releva avant qu'elle n'ait le temps de réagir!
— Merci, murmura-t-elle, surprise.
— Vous ne vous vous êtes pas fait mal ?
Perrine eut du mal à comprendre le jeune homme. Elle devina plutôt qu'autre chose.
— Non, ça va, merci.
— Où allez-vous donc ainsi, ma belle ?
— Au Château de Rabat, c'est là que je sers. Et vous que faites-vous ?
Lui aussi la regarda d'un air interrogateur.
— J'ai quitté ma Vallée pour trouver du travail. L'hiver mes moutons restent à la bergerie et il faut bien les nourrir. Votre seigneur n'aurait pas du travail pour moi, par hasard ?

La jeune fille fit des efforts à cause de son fort accent.
— Venez donc avec moi, comme ça vous lui demanderez.
— Et puis je pourrai vous donner le bras pour vous éviter de tomber !
Il joignit le geste à la parole, alors Perrine rougit mais elle ne dit rien.
— Comment se nomme-t-il votre seigneur ?
— C'est le Sénéchal de Foix, Corbeyran, seigneur de Rabat.

Ce dernier, derrière sa croisée en verre laiteux, vit Perrine cheminer en compagnie du jeune homme. Tous deux riaient. Il en fut intrigué, sa servante n'était pas fille à se lier avec un inconnu. Qui lui ramenait-elle donc au château ?

EL PASTOR D'ANDORRA

Pel camí, el Manel li va explicar el seu ofici, amb molts gestos per fer-se entendre millor. A l'hivern, les ovelles es quedaven al corral i les havia d'alimentar bé. Començava a l'alba. Netejava la palla que quedava als rastells i l'escampava per terra per renovar el jaç de les bèsties; després fregava les menjadores, i això sí que es feia realment llarg! Després havia d'agrupar les ovelles en un costat per tornar a omplir les menjadores. Més tard tornava al graner a buscar fullaraca i farratge. Però era quan anava a les pastures d'estiu que realment gaudia de la seva vida de pastor.

—A casa nostra, la vida gira entorn de la nostra activitat. Les nostres Valls es divideixen en diverses comunitats ben delimitades —va dir ell.

—I on és, casa vostra?

—A Andorra. Tenim grans prats de pastura, i cada un el mena un grup de pastors de la vall. Sovint, d'un any per l'altre es van canviant, perquè no siguin sempre els mateixos els qui es beneficiïn dels millors llocs.

La Perrine havia sentit a parlar vagament d'aquesta regió, però no en sabia gran cosa. A primera vista, aquest pastor no era gaire diferent dels del seu comtat. Si no fos pel seu accent maleït!

Quan va arribar al castell, la va sorprendre veure que Corbeyran de Foix la sortia a rebre.

—Qui ens portes, Perrine?

—És el Manel, un pastor que m'ha acompanyat perquè he caigut!

—Ets molt amable, noi.

LE BERGER D'ANDORRE

Chemin faisant, Manel lui racontait son métier, avec force gestes pour se faire mieux comprendre. L'hiver les moutons restaient à la bergerie et il fallait bien les nourrir. Il commençait à l'aube, nettoyait la paille qui restait dans les râteliers et l'étendait par terre pour renouveler la litière des bêtes ; ensuite il frottait les auges et ça c'était vraiment long ! Après il fallait regrouper les brebis d'un côté pour remplir les auges à nouveau de nourriture. Plus tard il retournait au grenier chercher la feuillée et du fourrage. Mais c'était pendant les estives qu'il appréciait vraiment sa vie de berger. Quand il partait dans les pâturages.

— Chez nous la vie tourne beaucoup autour de notre activité. Nos Vallées sont découpées en plusieurs communautés bien délimitées, précisa-t-il.

—Et c'est où chez vous ?

— C'est en Andorre. Nous avons de grands herbages, et chacun est géré par un groupe pastoral de la Vallée. Souvent d'une année sur l'autre on en change pour que ce ne soit pas toujours les mêmes qui profitent des meilleurs endroits.

Perrine avait vaguement entendu parler de cette région mais n'en savait pas grand-chose. A première vue, ce berger-là n'était guère différent de ceux de son comté. N'était son satané accent !

Lorsqu'elle arriva au château, elle fut surprise de voir Corbeyran de Foix venir à sa rencontre.

— Qui nous ramènes-tu là, Perrine ?

— C'est Manel, un berger qui m'a raccompagnée après que je sois tombée !

— Voilà qui est bien aimable, mon garçon !

Corbeyran no tenia la barrera de l'idioma. Aquest jove parlava català, una llengua que li era familiar.

—Perdoneu la meva arribada improvisada a casa vostra, senyor comte.

—No sóc pas comte, jove, sóc senescal. Però no hi fa res. On t'estàs?

—Per ara enlloc, senyor, estic buscant feina.

—I d'on véns?

—Vinc d'un poble prop de Soldeu, a Andorra.

—Bé, amic meu, queda't a passar la vetllada amb nosaltres, aquesta nit tindràs allotjament i cobert, i em parlaràs una mica de com és la vida al teu país.

El pastor li donà les gràcies i acceptà. Una nit a cobert i un sopar sempre es posen bé. I demà ja ho veuria.

Corbeyran, tot i que ja no era jove –ja havia celebrat els 70– era un amfitrió encantador. Al seu costat hi havia la seva esposa Ermengarda, més de vint anys més jove que ell, i el seu fill Joan amb les seves quatre germanes. Tots van saludar molt amablement el Manel, especialment el Joan, encantat amb la visita inesperada del jove.

Després d'haver fet un bon àpat, Corbeyran de Foix va oferir al seu convidat una infusió a la vora del foc. La Perrine se n'ocupà de seguida, molt contenta amb aquesta idea, que li permetia quedar-se una estona més a prop d'aquell noi. El Manel va dubtar, però no va gosar rebutjar. Va mirar l'esplèndida tapisseria que cobria les parets per decorar-les i també per controlar la humitat i retenir la calor.

Corbeyran n'avait pas la barrière de la langue, ce jeune homme parlait catalan, un parler qui lui était familier.

— Pardonnez-moi mon arrivée impromptue chez vous, Monsieur le Comte.

— Je ne suis pas Comte, mon garçon, mais Sénéchal. Peu importe. Où demeures-tu ?

— Pour l'heure, nulle part Monseigneur, je cherche du travail.

— Et d'où viens-tu ainsi ?

— Je viens d'un village à côté de Soldeu en Andorre.

— Eh bien mon jeune ami, passe donc la soirée avec nous, tu auras pour ce soir le gîte et le couvert et tu me parleras un peu de la vie chez toi.

Le jeune berger remercia vivement et accepta. Une nuit au chaud et un souper, c'était toujours bon à prendre. Pour le reste, on verrait demain.

Corbeyran, bien que plus tout jeune - il avait fêté ses 70 ans - était un hôte charmant. A ses côtés se tenaient son épouse Dame Mengarde, de plus de vingt ans sa cadette, et son fils Jean avec ses quatre sœurs. Tous accueillirent fort gentiment Manel, particulièrement Jean, ravi de la visite inopinée du jeune homme.

Après qu'ils aient fait bonne pitance, Corbeyran de Foix proposa à son hôte de prendre une infusion au coin du feu. Perrine s'en occupa de suite, enchantée par cette idée qui lui permettait de rester un peu plus longtemps près du jeune homme. Manel hésitait mais n'osait refuser. Il regardait les superbes tentures qui recouvraient les murs pour les décorer mais aussi pour faire écran à l'humidité et garder la chaleur.

I, a més, hi havia les filles del senescal! Se sentia terriblement intimidat.

L'antic preceptor de Gastó Febus agraí al cel l'oportunitat que li havia donat de saber més coses de la vida a Andorra. La signatura del tractat de pareatge entre el bisbe d'Urgell, Pere d'Urtx, i el comte de Foix, Roger Bernat, ja feia més d'un segle, assegurava un equilibri dels drets dels dos veïns, i els comtes de Foix conservaven una autoritat important sobre els andorrans. Gastó Febus havia somiat tota la vida amb un Estat pirinenc.

—Així que ets pastor, Manel?
—Sí, senyor.
—I t'agrada?
La pregunta no interessava gaire Corbeyran, però era una manera fàcil d'entrar en matèria.
—Sí, estimo la llibertat, anar a la muntanya amb els meus animals, triar el recorregut durant les pastures d'estiu, ocupar-me'n, cuidar-los acompanyat dels meus gossos. Sí que m'agrada tot això, munyir les ovelles, preparar el formatge...
—Llavors, la vida al teu país és força agradable...
—Agradable, sí, però també és difícil. El meu majoral diu que la pesta ha estat una bona cosa. Ell no pensa en tots aquells que han perdut la família i el bestiar. L'únic que veu és que hi ha més feina per als que queden!
—És un punt de vista defensable...
—Ah, bé, si penseu com ell...

LE BERGER D'ANDORRE

Et puis il y avait les filles du Sénéchal !...Il était terriblement intimidé.

L'ancien précepteur de Gaston Fébus remercia le Ciel de l'opportunité qui lui était donnée d'en apprendre un peu plus sur la vie en Andorre. La signature du traité de paréage entre l'évêque d'Urgell Pere d'Urg et le comte de Foix Roger Bernat, depuis plus d'un siècle, garantissait un équilibre des droits des deux voisins, et les comtes de Foix gardaient une importante autorité sur les Andorrans. Gaston Fébus avait, pendant toute sa vie rêvé d'un « Etat Pyrénéen ».
— Alors tu es berger, Manel ?
— Oui, Monseigneur.
— Et cela te convient ?
C'était là une question qui intéressait bien peu Corbeyran, mais c'était une entrée en matière facile.
— Oui j'aime la liberté, partir dans la montagne avec mes bêtes, choisir les parcours pendant l'estive, m'occuper d'elles, les soigner, en compagnie de mes chiens. Oui tout cela me plaît, traire les brebis, préparer le fromage...
— Alors, la vie chez toi est bien agréable...
— Agréable, oui mais bien difficile quand même. Mon maître dit que la peste a été une bonne chose. Il ne pense pas à tous ceux qui ont perdu leur famille et leurs bêtes. Tout ce qu'il voit c'est qu'il y a plus de travail pour ceux qui restent !
— C'est un point de vue qui se défend...
— Ah, ben si vous pensez comme lui, alors...

El fet és que des d'aquesta epidèmia, els pagesos estaven en situació de força, n'eren molts i els senyors buscaven mà d'obra per tornar a cultivar les terres abandonades. La prosperitat dels poderosos depenia ara del dinamisme de l'agricultura. La situació era preocupant al reialme i el senescal tenia curiositat per saber què se'n deia i com es vivia aquest fet a Andorra. Però havia d'anar amb compte de no agafar el pastor a contrapèl!

—No vull dir això, sé que aquesta epidèmia ha estat espantosa; ha afectat totes les regions, però ara hem de tirar endavant. Això dóna feina als pagesos i als artesans. M'imagino que a casa teva deu ser igual, oi?

—És veritat, senyor.

Aquesta conversa era difícil per al Manel, que no hi entenia gaire, dels afers del país. Com que era curiós, escoltava les converses del seu amo i dels companys, i el que es deia als mercats quan acompanyava les dones al poble per vendre els formatges. Però els afers d'Estat eren coses massa complexes per a ell.

—Au, vés a dormir, que és tard.

—Gràcies, senyor. Que tingueu una bona nit, i que Déu us beneeixi.

—Perrine! Acompanya aquest jove.

Amb una espelma sense sèu –les úniques autoritzades des del 1312 sota amenaça de confiscació de la mercaderia–, la Perrine va guiar el pastor.

—Bona nit, Perrine!

—Que dormis bé, Manel. Fins demà!

Le fait est que depuis cette épidémie, les paysans étaient en situation de force, ils étaient en surnombre et les seigneurs en quête de main-d'œuvre pour remettre en culture les terres abandonnées. La prospérité des puissants était devenue dépendante du dynamisme agricole. La situation était préoccupante dans le royaume et le Sénéchal était curieux de savoir ce qui se disait et comment cela se passait en Andorre. Mais il devait faire attention à ne pas prendre le berger à rebrousse-poil !

— Ce n'est pas ce que je veux dire, cette épidémie a été épouvantable ; elle a touché toutes les régions mais aujourd'hui il faut repartir de l'avant. Cela donne du travail aux paysans et aux artisans. Je pense que cela doit être pareil par chez toi, non ?

— C'est vrai Messire.

Cette conversation était difficile pour Manel, qui ne connaissait pas grand-chose aux affaires du pays. Comme il était curieux il écoutait les conversations de son maître et de ses pairs et ce qui se disait sur les marchés quand il accompagnait les femmes au village pour vendre les fromages. Mais les affaires de l'Etat étaient choses fort complexes pour lui.

— Allez, va te coucher, il est tard.

— Merci Monseigneur. Passez une bonne nuit. Que Dieu vous garde.

— Perrine ! Accompagne donc ce jeune homme.

Munie d'une bougie sans suif - les seules autorisées depuis 1312 sous peine de confiscation de la marchandise - Perrine guida le jeune berger.

— Bonne nuit Perrine !

— Dors bien Manel. A demain.

—Demà me n'aniré. El teu amo és molt amable, però no m'ha ofert res.
—I tanmateix aquí hi ha feina...
—Em plauria molt quedar-me —va respondre el jove amb un gest de complicitat a la serventa.
Ella li va somriure tímidament, li va desitjar bona nit i s'acomiadà.

L'alba es va aixecar boirosa i el Manel va fer un salt quan va veure en el sol pàl·lid que s'ocultava en el cel opac que el dia ja devia fer estona que s'havia llevat.
Confós, va baixar a la sala, on va trobar l'amo de la casa.
—Mil disculpes, senyor, normalment no dormo fins tan tard!
—És que la casa és bona. Així que pren un bol de llet i pa. Després acompanyaràs el Gaspard a recollir llenya i tallar-la. L'hivern és dur i en necessitem molta!
El Manel donà gràcies al cel per aquesta oferta inesperada! Déu havia guiat els seus passos. No content d'haver-li donat un sostre i aliment, també li oferia feina. Va donar les gràcies servilment al senescal, va engolir una gran llesca de pa i la llet, i va sortir.
De fet, la generositat de Corbeyran no era tan desinteressada. Ell també es deia que el cel li havia enviat aquell jove per explicar-li la vida d'aquella regió de la qual ell era el representant del cosobirà, però on ja no podia anar, i de la qual en realitat sabia ben poca cosa.

— Demain je vais repartir. Ton maître est bien aimable mais il ne m'a rien proposé.
— Il y a pourtant du travail ici.
— Cela me plairait bien de rester, répondit le jeune homme en faisant un clin d'œil à la jeune servante.
Timidement elle lui sourit, lui souhaita une douce nuit et prit congé.

L'aube brumeuse se leva et Manel fit un bond en voyant au pâle soleil qui se dissimulait dans le ciel opaque que le jour devait être levé depuis déjà un bon moment.
Confus, il descendit dans la grande salle où il retrouva le maître de céans.
— Mille excuses, Messire, d'ordinaire je ne dors pas si tard !
— C'est que la maison est bonne. Prends donc un bol de lait et du pain. Ensuite tu accompagneras Gaspard, il faut aller chercher du bois et le couper. L'hiver est rude et nous en avons grand besoin !
Manel remercia le Ciel de cette aubaine! Dieu avait guidé ses pas. Non content de lui avoir fourni un toit et de la nourriture, il lui offrait aussi du travail. Il remercia platement le Sénéchal, avala à pleine bouche une large tranche de pain et le lait puis sortit.
En fait, la générosité de Corbeyran n'était pas si désintéressée. Lui aussi se disait que le Ciel lui avait envoyé ce jeune homme pour lui raconter la vie de cette région où il représentait le co-suzerain mais où il ne pouvait plus guère se rendre, et dont il ne savait à vrai dire que bien peu de choses.

Un xicot ben plantat recolzat a l'entrada d'un graner va fer senyals al noi que s'hi acostés i se'n van anar junts cap al bosc. Quan el sol d'hivern ja era ben alt, van fer una pausa per fer un mos i després van tornar a la feina. Quan ja havien tallat prou llenya en van fer munts que van portar al castell. El Gaspard va veure amb sorpresa que el Manel s'enfilava a la pila de troncs i els tallava en trossos més petits.

—Què fas?

—Així és com ho fem a casa meva —li va explicar el noi!

Un cop al castell, Corbeyran el tornà a convidar a menjar a la seva taula, cosa que el feia sentir incòmode. La Perrine els va servir, i això també el trasbalsava, tot i que li permetia intercanviar algunes mirades amb ella que no van escapar als seus amfitrions!

Al final del sopar tothom es va asseure al voltant de la xemeneia, on els troncs cruixien. L'ombra de les flames es passejava per aquelles parets tan altes. Madona Ermengarda i les seves dues filles grans van agafar les labors mentre en Joan atiava les brases.

—I així què, has tingut un bon dia, noi?

—Sí, gràcies per la vostra amabilitat, senyor.

—Que tens germans?

—Sí, quatre, i dues germanes també.

—I què fan?

—Un és llenyataire, el més jove ha treballat en una ferreria i ara s'ha incorporat a una farga i els altres dos s'ocupen de la granja amb el nostre pare.

Un grand gaillard qui se tenait à l'entrée d'une grange fit signe au jeune homme d'avancer. Ensemble ils partirent dans la forêt. Quand le soleil d'hiver fut haut dans le ciel, ils firent une pause pour casser la croûte puis se remirent au travail. Quand ils eurent coupé suffisamment de bois, ils en firent des tas qu'ils ramenèrent au château. Gaspard vit alors avec étonnement Manel monter sur les tas de bûches pour les couper en morceaux plus petits.

— Qu'est-ce que tu fais ?

— C'est ainsi que l'on procède chez moi, lui expliqua le jeune homme !

De retour au château, Corbeyran l'invita à nouveau à dîner à sa table, mais cela le mit mal à l'aise. Perrine les servit, et cela aussi le gêna bien que lui permettant d'échanger avec elle quelques œillades qui n'échappèrent pas à ses hôtes !

A la fin du souper tout le monde s'installa près de la grande cheminée, où crépitaient les bûches. L'ombre des flammes se promenait sur les hauts murs. Dame Mengarde et ses deux plus grandes filles prirent leurs ouvrages tandis que Jean attisait les braises.

— Alors la journée a été bonne, mon garçon ?

— Oui, merci Monseigneur pour toutes vos bontés.

— As-tu des frères ?

— Oui, quatre et deux sœurs aussi.

— Et que font-ils ?

— L'un d'eux est bûcheron, le plus jeune a travaillé dans une forge et vient de rejoindre une mouline à fer et les deux autres s'occupent de la ferme avec notre père.

—Molt bé, molt bé. El teu germà petit va pel bon camí. L'energia hidràulica substituirà l'energia humana. A casa nostra ja no es limita només als molins de farina i d'oli ni a les serradores. I això beneficia enormement l'agricultura, entens? Des del 1325 -jo era un nen!– s'ha construït gairebé una farga cada any. N'hi ha d'escampades pertot arreu a les vores de rius i rierols. Ara és normal que vosaltres també us modernitzeu. En fi!... La veritat és que tens una família que sembla ben completa i equilibrada. Us distribuïu el treball en tots els àmbits.

—Així és, els meus germans que treballen al camp no descansen mai, s'ha de cultivar el blat, el sègol o el forment, i també les hortalisses. Tenim cols, cebes i naps. Després hi ha el bestiar, que tenim en comú amb altres cases. És així com es fa a les Valls. Nosaltres tenim porcs, bous i cabres, per no parlar de les meves ovelles, és clar. Les meves germanes s'encarreguen de les gallines, venen els ous i els formatges que hem fet madurar i filen la llana que hem obtingut de l'esquilada de les ovelles. Sobretot ara que podem fer mercat cada setmana, encara que no hi anem sempre. I a més hi ha la fira anual! Això sí que és important!

Una vegada més, es deia Corbeyran, era gràcies a les facilitats que els havien concedit els comtes de Foix -i una mica també, ho havia d'admetre, a les dels bisbes d'Urgell-, que les mercaderies podien circular més lliurement. Els havien fet unes condicions duaneres força interessants.

—Aleshores, ho compartiu tot?

— Fort bien, fort bien. Ton jeune frère est dans le vrai. La force hydraulique va remplacer l'énergie humaine. Déjà par chez nous, elle n'est plus réservée seulement aux moulins à farine et à huile ni aux scieries. Et cela profite grandement à l'agriculture, tu sais. Dès 1325 – j'étais tout enfant ! – on a bâti environ une mouline par an. Il y en a un peu partout au bord des rivières et des torrents. Maintenant il est normal que vous vous modernisiez aussi. Enfin !... Toujours est-il que tu as une famille qui semble bien complète et bien équilibrée. Vous vous répartissez le travail dans tous les domaines.

— En effet, mes frères qui travaillent aux champs ne chôment pas, il faut cultiver les blés, le seigle ou le froment, puis les légumes. Nous avons des choux, des oignons et des navets. Ensuite il y a le bétail que nous avons en commun avec d'autres maisons. C'est ainsi dans les Vallées. Nous avons des porcs, des bœufs et des chèvres, sans parler de mes moutons bien sûr. Mes sœurs s'occupent des poules, vendent nos œufs, les fromages que nous avons affinés et filent la laine que nous avons récupérée après la tonte des moutons. D'autant que maintenant nous pouvons tenir marché chaque semaine, même si nous n'y allons pas tout le temps. Et puis il y a la foire annuelle ! Ça c'est quelque chose !

Encore une fois, se dit Corbeyran, c'était grâce aux facilités que les comtes de Foix avaient faites et un peu aussi, il devait bien l'admettre, à celles des évêques d'Urgell que les marchandises pouvaient circuler plus librement. Ils leur avaient fait des conditions douanières assez intéressantes.

— Vous partagez donc tout ?

—No exactament. Cada família té les seves parcel·les, però és veritat que compartim els boscos, els rierols i les pastures. Si no, no ens en sortiríem. Cadascun de nosaltres és una mica agricultor, alguns fins i tot són pescadors. També tenim ruscos. Però no tenim dret de caçar, és pecat! No s'han de menjar animals salvatges! Per descomptat, hi ha caçadors furtius... Compartim moltes coses, nosaltres, entre els vilatans. Cadascú presta la seva premsa, el seu molí i el seu forn i tothom s'entén. Pel que fa a la farga és una mica diferent perquè, en general, pertany al senyor, no al fargaire. Per contra, de tant en tant té dret de fer una mica de carbó i fins i tot de vendre algun dels seus productes. Ens agrada veure els marxants de ferro. Quan arriben porten articles que nosaltres no tenim, i sobretot peix. Amb ells també fem un munt d'intercanvis! Un dia un veí ens va fer tastar un agró que havia preparat amb sal! Aquell dia a casa seva van fer festa grossa! Vivim en comunitat pel que fa a la feina, i també a les celebracions o les oracions, però el primer de tot és sempre la família.

—Espero que aprecieu els privilegis que us concedim. Actualment només heu de pagar la qüèstia. Abans la vostra comunitat havia de pagar censos per la llet, el vi, les vaques... Ets massa jove i no ho has conegut. Fa només uns cinquanta anys, calia passar per tot això perquè els vostres ramats estiguessin protegits quan travessaven els països catalans. Imagina't, es trigava gairebé quinze dies per recollir la llana tot remuntant el curs de les Valires, i quinze dies més per baixar els corders cap a la Seu d'Urgell!

— Pas tout à fait. Chacune de nos familles a ses parcelles, mais il est vrai que nous partageons nos bois, nos ruisseaux et nos pâturages. Sinon, nous n'y arriverions pas. Chacun de nous est un peu agriculteur, quelques-uns sont même pêcheurs. Nous avons aussi des ruches. Mais nous n'avons pas le droit de chasser, c'est péché ! On ne doit pas manger les animaux sauvages ! Bien sûr, il y en a qui braconnent... Nous échangeons beaucoup nous autres, entre villageois. Chacun prête son pressoir, son moulin ou son four et chacun s'y retrouve. Pour la forge, c'est un peu différent, parce qu'en général elle appartient au seigneur du coin, pas au forgeron. Par contre, de temps en temps, il a le droit de charbonner un peu et même de vendre quelques-unes de ses productions. On aime bien voir les marchands de fer. Quand ils arrivent ils apportent des denrées qu'on n'a pas par ici et surtout du poisson. Avec eux aussi on fait beaucoup d'échanges ! Un jour, un de nos voisins nous a fait goûter du héron qu'il avait appareillé au sel ! C'était jour de fête chez lui cette fois-là ! Nous vivons en communautés pour le travail et aussi pour les fêtes ou les prières, mais c'est quand même la famille qui prime.

— J'espère que vous appréciez les privilèges que nous vous accordons. Vous n'avez plus à vous acquitter que de la Questia maintenant. Auparavant vos communautés versaient des redevances, du lait, du vin, des vaches... Tu es trop jeune, tu n'as pas connu cela. Il y a encore une cinquantaine d'années, il fallait en passer par là pour que vos troupeaux soient protégés lorsqu'ils traversaient les pays catalans. Imagine, il fallait près de quinze jours pour collecter la laine en remontant le cours des Valiras, et autant pour redescendre les agneaux vers la Seu d'Urgell !

Corbeyran sabia que els avantpassats del comte de Foix feien retencions sobre el tràfic andorrà que no aconseguien fer sobre els productes de les Valls.
—Això és el que es diu, sí, senyor...
—Bah! Ara això s'ha acabat, els vostres ramats i les vostres mercaderies circulen lliurement!
—Sí, i és important per a nosaltres.
Amb aquestes bones paraules, tots es van desitjar una bona nit abans d'anar a colgar-se sota les màrfegues.
Amb l'excusa de fer-li llum, la Perrine va precedir el Manel per les escales i els passadissos. En arribar davant la porta de l'habitació que li havia estat assignada, el Manel la besà suaument al coll. Púdicament, la Perrine va retrocedir i va desfer el camí, no sense haver-se girat unes quantes vegades per somriure al jove. Es va aturar a mitja escala, ja que el seu cor bategava amb força. Va recolzar la mà on ell havia posat els seus llavis com per capturar un dels seus petons. El Manel va lliscar sota l'edredó i va començar a somiar... enyorava les seves ovelles i es veia caminant per les Valls enmig del seu ramat, la seva mà enllaçada amb la de la Perrine sota el sol d'estiu...

La llum del dia el va despertar. Aquest matí no seria l'últim a llevar-se! Fora, la neu queia i els flocs volaven en totes direccions. Mal temps per anar al bosc!
Corbeyran era un bon home i apreciava la joventut al seu castell. Veia com el seu fill Joan escoltava seriós i concentrat les paraules del pastor i va pensar que era una bona escola per a ell. Així és que va decidir retenir-lo amb ell avui, aquí, al castell.

Corbeyran savait que les ancêtres du comte de Foix effectuaient sur le trafic andorran des prélèvements qu'ils ne parvenaient pas à faire sur les productions des Vallées.
— C'est ce qui se dit, en effet, Monseigneur...
— Bah ! Aujourd'hui tout cela est terminé, vos troupeaux et vos marchandises circulent librement !
— Oui, c'est important pour nous.
Sur ces bons mots, tous se souhaitèrent la bonne nuit avant d'aller retrouver leurs édredons.
Sous prétexte de l'éclairer, Perrine précéda Manel dans les escaliers et les couloirs. En arrivant devant la porte de la chambre qui lui avait été attribuée, Manel l'embrassa tendrement dans le cou. Pudiquement elle recula puis rebroussa chemin, non sans s'être retournée à plusieurs reprises pour sourire au jeune homme. Elle s'arrêta à mi-chemin dans l'escalier, tant son cœur battait fort. Elle appuya sa main à l'endroit où il avait posé ses lèvres comme pour capturer un de ses baisers. Manel se glissa sous l'aigledon et se mit à rêver... ses brebis lui manquaient et il se voyait marcher dans les Vallées au milieu de son troupeau sa main dans celle de Perrine sous le soleil d'été...

Le jour le réveilla. Ce matin il ne serait pas le dernier levé ! Dehors la neige tombait et les flocons voletaient en tous sens. Un sale temps pour aller en forêt !
Corbeyran était un homme bon et il appréciait cette jeunesse dans son château. Il voyait son fils Jean écouter d'un air sérieux et concentré les paroles du jeune berger et se dit que c'était une bonne école pour lui. Aussi décida-t-il de le garder avec lui aujourd'hui, ici, au Château.

EL PASTOR D'ANDORRA

El Manel es preguntava què podia fer per ser útil, però el senescal li va fer entendre de seguida que només necessitava la seva presència. El noi no veia gens clar què podia aportar al senyor d'aquelles terres. No s'imaginava que era allà, com un testimoni del seu país i del seu temps, per explicar a Corbeyran de Foix allò que no podia veure pel seu compte ara que ja no cavalcava.

—Queda't amb mi, avui, que em faràs companyia. Em faig vell, l'hivern és dur i no puc sortir. Enyoro les notícies del món exterior. He cavalcat molt i he lluitat, tant amb les armes com amb les paraules. Amb els meus companys hem hagut de lluitar contra el bisbe d'Urgell que, malgrat la ratificació dels pareatges, ho volia dirigir tot, a les vostres Valls. Hem aconseguit trobar més o menys un equilibri, i d'aquesta manera us hem concedit privilegis i llibertats, especialment en qüestions militars.

Aquest sí que era un punt ben fosc per al jove. Ho va comentar amb Corbeyran i va començar a parlar del que coneixia.

—El que m'agrada de casa meva, senyor, és el temps que passo a la muntanya, quan m'enfilo cap als cims, acompanyat per les esquelles del meu ramat; travesso els pobles amb tot el meu seguici, i cada vegada és com una festa, amb els nens que miren les meves guies tan boniques, ben empolainades i adornades amb cintes! Quan finalment descanso, contemplo cap avall els magnífics i salvatges paisatges. Fins i tot a l'estiu, l'aire fresc em llisca sota la roba i m'assec, recompensat pel meu esforç! Miro els boscos d'alzines, de roures, i el sotabosc de boix i de ginebró. Jo no he viatjat gaire lluny, però allà dalt em sento com si estigués a la fi del món!

LE BERGER D'ANDORRE

Manel se demandait ce qu'il allait bien pouvoir faire pour se rendre utile mais le Sénéchal lui fit rapidement comprendre que seule sa présence lui était nécessaire. Le jeune homme ne voyait pas bien ce qu'il pouvait apporter au seigneur de ces lieux. Il n'imaginait pas qu'il était là, tel un témoin de son pays et de son temps, rapportant à Corbeyran de Foix ce qu'il ne pouvait voir de lui-même maintenant qu'il ne chevauchait plus guère.

— Reste près de moi, aujourd'hui, tu me tiendras compagnie. Je me fais vieux, l'hiver est rude et je ne peux sortir. Les nouvelles du monde extérieur me manquent. J'ai beaucoup chevauché et je me suis battu, tant avec des armes qu'avec des mots. Avec mes pairs nous avons dû lutter contre l'évêque d'Urgell qui malgré la ratification des paréages voulait tout diriger chez vous. Nous avons réussi à trouver plus ou moins un équilibre, c'est ainsi que nous vous avons accordé des privilèges et des libertés notamment en matière militaire.

Voilà bien un point bien obscur pour le jeune homme. Il en fit part à Corbeyran puis se remit à parler de ce qu'il connaissait.

— Ce qui me plaît chez nous, Messire, c'est le temps que je passe en montagne, quand je grimpe vers les sommets, accompagné par les sonnailles de mon troupeau, je traverse les villages avec toute ma cohorte, et c'est comme une fête à chaque fois, avec les enfants qui regardent mes belles meneuses bien pomponnées et enrubannées ! Quand je me pose enfin, je contemple en contrebas les espaces et les paysages magnifiques et sauvages. Même en été, l'air vif se glisse sous mes habits et je m'assois, récompensé de tous mes efforts ! Je regarde les forêts d'yeuses, de chênes verts, et les sous-bois de buis et de genévriers. Moi je n'ai pas voyagé bien loin, mais là-haut j'ai l'impression parfois de me trouver au bout du monde !

—Veritablement ets un poeta, fill meu!

—És que la muntanya és tota la meva vida, senyor. Hi ha tantes coses boniques per mirar, les merles, els tallarols, també la perdiu grisa que només es pot veure allà... bé, em penso. Quin plaer de dormir al massís d'Enclar. Hi veig la geneta, que només surt de nit; les mosteles, que cacen en ziga-zaga desconfiant dels rapinyaires que volen per damunt nostre; les salamandres i els llangardaixos a l'estiu, i fins i tot els maleïts escurçons, amb els quals cal anar molt amb compte!

—I quan baixes, què fas?

—Oh, sempre hi ha alguna cosa per fer, a la granja! Amb les meves germanes preparem els formatges que vendrem després, és una feina dura. S'ha de transformar la llet, fer madurar el formatge i conservar-lo abans de transportar-lo. Cal continuar ocupant-se dels animals… Que hagi baixat no vol pas dir que ja no em necessitin! Cal tenir cura i preparar els estables per a l'hivern.

—Però digues, no us divertiu mai?

—Oh! I tant que sí, senyor, quan tota la feina està feta! Juguem a dames, al jaquet, a jocs de tauler i també a cartes. I després ens divertim amb els nens, ensenyem lluita i boxa als nois, també juguem a bitlles, i també a les baldufes amb les noies. I elles també juguen a la xarranca. Amb els meus germans ens agrada molt jugar a daus, però ho evitem. És que l'Església no vol aquests jocs d'atzar. El que ens agrada més, a nosaltres, són les lluites de galls! I també hi ha el Carnaval abans de començar la Quaresma. Ballem com bojos! De tant en tant, si hi som quan passen els trobadors, ballem el contrapàs! Ja ho veieu, treballem dur, però també ens divertim.

— Tu es un véritable poète, mon garçon !

— C'est que la montagne est toute ma vie, Monseigneur, il y a tant de belles choses à regarder, les merles bleus, les fauvettes passerinettes et aussi les perdrix grises que l'on ne voit que là… enfin, je crois. Quel bonheur de dormir dans le massif d'Enclar. J'y vois les genettes qui ne sortent que la nuit, les martes qui chassent en zigzaguant en se méfiant des rapaces qui nous survolent, les salamandres et les lézards en été, et même ces satanés aspics dont il faut se méfier !

— Et quand tu redescends, que fais-tu alors ?

— Oh, il y a toujours à faire à la ferme ! Avec mes sœurs, nous préparons les fromages que nous vendrons ensuite, et c'est un sacré travail. Il faut transformer le lait, ensuite affiner le fromage et le conserver avant de le transporter. Il faut continuer à s'occuper des bêtes… Ce n'est pas parce que je suis redescendu qu'elles n'ont plus besoin de moi ! Il faut bien les soigner et préparer les granges pour l'hivernage.

— Mais dis-moi, vous ne vous amusez jamais ?

— Oh ! bien sûr que si, Messire, quand tout le travail est fait ! On joue aux dames, au tric-trac, aux jeux de tablier et aussi aux cartes. Et puis on s'amuse avec les enfants, on apprend aux garçons les luttes et les boxes, on joue aux billes et aussi aux toupies avec les filles. Sinon, elles, elles jouent à la marelle ! Avec mes frères on aime bien jouer aux dés, mais nous évitons. C'est que l'Eglise ne veut pas de ces jeux de hasard. Ce qu'on préfère, nous, ce sont les combats de coqs ! Il y a aussi le Carnaval au moment de Mardi-gras avant de commencer le carême. On y giguedouille comme des dingos ! De temps en temps, si on est là quand les Troubadours passent par chez nous, on danse le contrepas ! Vous voyez, on travaille dur mais on prend aussi du bon temps !

El senescal interrompé aquesta agradable conversa perquè era hora d'anar a dinar.

Joan de Foix proposà al Manel de fer-li fer la volta al castell havent dinat. El pastor va acceptar de bon grat, amb l'esperança de creuar-se amb la Perrine, a qui gairebé no havia vist en tot el matí. De vegades, ella travessava la sala i ell la mirava furtivament de reüll. Aquesta jove donzella no el deixava indiferent, però no hauria estat correcte allunyar-se del seu amfitrió.

Aquest es va acomodar al costat de la llar de foc, amb la mirada perduda més enllà del finestral, mirant la neu que continuava caient. De sobte semblava pensatiu, llevat que no fossin els efectes de la digestió... El Manel no gosava interrompre el seu somieig, potser s'estava adormint...

—Saps en què o més aviat en qui penso?
—No, senyor.
—Penso en Gastó. En Febus, si ho prefereixes. Saps? Jo en vaig ser primer el preceptor i després el conseller... N'has sentit a parlar?
—Sí, senyor...

El Manel no tenia cap ganes d'abordar aquesta qüestió, perquè el que havia sentit a dir de Febus no era gens afalagador i no volia de cap manera ferir el senescal, que l'havia acollit tan amablement. Pensava què podia respondre que fos inofensiu.

—I què en saps?
Ai! La pregunta que tant havia temut...!
—Es diu que guerrejava molt.

LE BERGER D'ANDORRE

Le Sénéchal interrompit cette agréable conversation pour qu'ils aillent se restaurer.

Jean de Foix proposa à Manel de lui faire faire le tour du château après le repas. Le berger accepta bien volontiers, espérant croiser Perrine qu'il avait à peine entrevue durant toute la matinée. Parfois elle traversait la salle et lui jetait furtivement un petit regard en coin. Cette jeune servante ne le laissait pas indifférent, mais il ne pouvait décemment s'éloigner de son hôte.

Celui-ci se réinstalla près de l'âtre, le regard perdu au-delà de la croisée, regardant la neige qui ne cessait de tomber. Il avait l'air tout à coup songeur, à moins que ce ne fussent les effets de la digestion… Manel n'osait interrompre sa rêverie, peut-être allait-il s'endormir…

— Sais-tu à quoi ou plutôt à qui je pense ?
— Non, Messire.
— Je pense à Gaston. A Fébus, si tu préfères. Tu sais, j'ai été son précepteur pour commencer et puis son conseiller… Tu as déjà entendu parler de lui ?
— Oui Monseigneur…

Manel n'avait guère envie d'aborder ce sujet car ce qu'il avait entendu au sujet de Fébus n'était guère flatteur et il ne voulait surtout pas blesser le Sénéchal qui l'accueillait si gentiment. Il cherchait ce qu'il pourrait répondre d'anodin.

— Et que sais-tu de lui ?

Aïe, aïe la question qu'il redoutait était tombée !

— On dit qu'il guerroyait beaucoup.

—És clar, vam fer moltes expedicions per tot el país i també fora. Jo era una mica el seu protector, gràcies a Déu... era tan impetuós que necessitava algú a prop per moderar-lo, i jo hi era. Sense aquest temperament tan tumultuós, n'hauria pogut fer el sobirà de tot el reialme meridional!... Abans d'emprendre una campanya, cridava amb mi: «Toco y se gausos!», que significa 'toca'm si goses!' i envestia...

—No és gaire popular, entre nosaltres. Si més no si m'he de creure el que n'he sentit a dir. En circulen algunes històries. Sobre la mort del seu fill...

—Sí, és clar. No se'n va refer mai. Després, saps?, va escriure *El Llibre de les oracions* per demanar perdó a Déu. Febus era un ésser a part, diferent. Tot un lluitador! Va combatre contra els *jacques* el 58, i tothom va reconèixer la seva valentia! He lluitat amb ell a Prússia i fins i tot a Noruega! Amb els rescats de la guerra, va construir edificis militars, va consolidar fortaleses... Va ser ell qui va decidir fer construir torres de planta quadrada, com les d'aquí o les dels castells de Montcada o de Miglós! A més, era un home culte, que estimava la música, fins i tot havia estat trobador en el seu temps lliure... Escrivia el seu nom amb una «F» per distingir-se, no com el del déu romà... Era un apassionat de la caça, deia que si l'esquivador feia bé la seva feina, aniria directament al paradís! Era un caçador excel·lent, però no sé si hi va... La seva passió el va perdre. Va morir tornant d'una cacera de l'ós. Els últims anys, abans de morir, havia dictat el seu *Llibre de la caça* i l'havia fet il·lustrar amb magnífiques miniatures!... Però parlem d'una altra cosa. T'avorreixo amb les meves històries. No acabo mai quan començo a parlar d'ell... O sigui que el teu germà petit treballa en una farga?

— Pour sûr, nous avons fait bon nombre d'expéditions à travers tout le pays et même en dehors. J'étais un peu son chaperon, heureusement...il était si impétueux, il fallait quelqu'un à ses côtés pour le modérer, et j'étais là. Sans ce tempérament si tumultueux, j'aurais peut-être pu faire de lui le suzerain de tout le royaume méridional !... Avant de partir en campagne, il criait avec moi : « Tocos-i se Gausos ! », ça veut dire « touches-y si tu oses ! » et il fonçait !...

— Il n'est guère populaire par chez nous. Du moins si j'en crois ce que j'ai entendu. Il y a des histoires qui courent sur son compte. A propos de la mort de son fils...

— Oui, sans doute. Il ne s'en est jamais remis. Après, tu sais, il a écrit « Le livre des Oraisons » pour demander pardon à Dieu. Fébus était un être à part, différent. Un sacré batailleur ! Il s'est battu contre les Jacques en 58, et tout le monde reconnaît sa bravoure ! J'ai combattu à ses côtés en Prusse et même jusqu'en Norvège ! Avec les rançons de la guerre, il a construit des édifices militaires, consolidé des forteresses, c'est lui qui a décidé de faire construire des tours carrées, comme ici ou encore au château de Moncade ou à celui de Miglos ! En plus, c'était un homme cultivé, qui aimait la musique, même troubadour à ses heures vois-tu... Il écrivait son nom avec un « F » pour se distinguer, pas comme celui du dieu romain... Il était passionné par la chasse, il disait que si le veneur remplissait bien son office, il irait tout droit au paradis ! C'était un fameux chasseur mais je ne sais pas s'il y est... Sa passion l'a perdu, c'est à l'issue d'une partie de chasse à l'ours qu'il est mort. Ces dernières années, avant sa mort, il avait dicté son « Livre de la chasse » et l'avait fait illustrer de magnifiques enluminures !... Mais parlons d'autre chose. Je t'ennuie avec mes histoires. Je suis intarissable quand je commence à parler de lui... Alors comme ça ton plus jeune frère travaille dans une mouline à fer ?

—Sí, senyor, ell diu que actualment s'ha d'explotar la força hidràulica per fer anar els martinets de perforació. Ell l'anomena la màgia de l'aigua! Ens n'infla el cap cada vespre!

—Això vol dir que es pren la feina seriosament. I que comparteix amb vosaltres el que aprèn! A més, té raó, aquest xicot, fins ara només s'utilitzava per als molins d'oli o de farina, però fins i tot els monjos diuen que serà més productiu, sobretot els cistercencs, mira tu. La força hidràulica permet accionar la manxa i la pressió d'aire eleva la temperatura dels baixos forns.

Ah, bé, si fins i tot els frares són d'aquesta opinió, deu ser cert!, es va dir el Manel, que no havia entès gran cosa de les explicacions tècniques de Corbeyran de Foix, però es va guardar el seu pensament per a ell.

—És clar, serà menys dur per als homes, però jo el que veig és que com més fargues d'aquestes hi hagi, menys boscos hi haurà, i això destruirà tot el nostre bell país! Bé s'han d'omplir, aquests maleïts forns!

—Tens raó des del teu punt de vista, però aquesta és la condició per produir ferro i acer. I a més farem tot el que sigui possible per limitar l'explotació dels boscos a l'estrictament necessari. Conservem encara les ferreries, saps?, per ara les necessitem totes dues. Però la regió també necessita aquesta producció per prosperar. T'adones de tot el que es pot fabricar amb aquestes fargues? Tant les escudelles i els cullers com les mesures per al blat i, per descomptat, els ganivets! I també les armes, les llances, les cotes de malles, les piques...! I, a més, les eines, les dalles, les fangues, les aixades, les forques, les destrals! I per a tu, les tisores de xollar les ovelles, i les esquelles per posar-los al voltant del coll! Molts dels nostres comerciants en viuen, d'aquesta producció, m'entens?

— Oui, Monseigneur, il dit que maintenant c'est la force hydraulique qu'il faut exploiter pour animer les martinets de forage. Il appelle ça, la magie de l'eau ! Il nous en rebat les oreilles toutes les soirées !

— Cela prouve qu'il prend son travail à cœur. Et puis il partage avec vous ce qu'il apprend ! En plus, il est dans le vrai ce petit, jusqu'ici on ne l'utilisait que pour les moulines à huile ou à farine mais même les religieux disent que cela sera plus productif ainsi, spécialement les moines Cisterciens, vois-tu. La force hydraulique permet d'actionner les soufflets et la pression d'air d'élever la température des bas fourneaux.

Ah, et bien, si même les frères étaient de cet avis, alors ça devait être vrai ! se dit Manel, qui n'avait pas compris grand-chose aux explications techniques de Corbeyran de Foix, mais il garda sa réflexion pour lui.

— C'est sûr, ça sera moins dur pour les hommes, mais moi ce que je vois c'est que plus il y aura de ces moulines, moins il y aura de forêts et ça va détruire tout notre beau pays ! Faut bien les remplir ces maudits bas fourneaux !

— Tu as raison de ton point de vue, mais c'est la condition pour produire du fer et de l'acier. Et puis nous ferons tout pour limiter l'exploitation des forêts au strict nécessaire. Nous gardons encore les forges à bras, tu sais. Pour l'instant on a besoin des deux. Mais la région a aussi besoin de cette production pour prospérer. Tu vois bien tout ce qu'on peut fabriquer avec, tant les écuelles, les louches que les mesures de blé et bien sûr les couteaux ! Et aussi les armes, les lances, les hauberts, les piques !... Et puis il y a les outils, les faux, les bêches, les pioches, les fourches, les haches! Et pour toi, les cisailles pour tondre les moutons, et les sonnettes pour leur mettre autour du cou ! Nombre de nos marchands vivent grâce à cette production, comprends-tu ?

Corbeyran havia passat molt per sobre la qüestió de la utilitat del ferro en la fabricació d'armes per a la guerra.

Aquests arguments no van tranquil·litzar del tot el Manel. El seu germà petit li explicava històries que l'inquietaven.

—Ell ens diu, amb el degut respecte, senyor, que a les mines que hi ha obertes hi arriba gent per explotar-les i que els han de deixar fer sense dir res! Us n'adoneu? Naturalment, hi ha baralles i s'esbatussen! És que n'hi ha que fan tota la feina i els altres arriben i se serveixen! Ho trobeu normal?

—Sí, ja ho sé, però legalment no s'hi pot fer res. Aquí, al comtat de Foix, també tenim preocupacions similars, però en general funciona prou bé. No m'havies dit que posàveu totes les terres en comú?

—Sí, en fi, diguem que hi ha «els llocs comuns», els comunals, com en diem nosaltres, on tothom ho pot utilitzar tot. Tanmateix limiten amb els nostres! És complicat perquè els llocs canvien segons les estacions i les necessitats. Ara tenim els veguers que s'ocupen dels afers de les nostres Valls, però nosaltres no en sabem gran cosa, són els senyors els qui els designen.

—Això també s'arreglarà al vostre país! La vostra producció és important. Permet comerciar amb Espanya. Aquest mineral s'utilitza com a moneda de canvi, ho entens?

—És veritat, nosaltres el canviem per peix i altres aliments. El meu germà també diu que hi ha comerç salvatge, traginers que fan transport clandestí!

Corbeyran était passé rapidement sur l'utilité du fer dans la fabrication des armes nécessaires à la guerre.

Ces belles paroles ne rassuraient qu'à moitié Manel. Son jeune frère lui rapportait des histoires qui l'inquiétaient.

— Il nous raconte, sauf votre respect Messire, que dans les mines qui sont ouvertes, certains arrivent pour les exploiter et qu'il faut les laisser faire sans rien dire ! Vous vous rendez compte ! Alors, bien sûr, il y a des bagarres et ils s'estrillent ! Sinon il y en a qui font tout le travail et les autres n'ont qu'à se servir ! Vous trouvez ça normal ?

— Oui, je sais. Seulement, du point de vue de la loi on ne peut rien faire. Nous avons de semblables soucis ici, dans le Comté de Foix, mais dans l'ensemble cela se passe plutôt bien. Ne m'as-tu pas dit que vous mettiez toutes vos terres en commun ?

— Oui, enfin disons qu'il y a « les lieux communs », les *comunals*, comme on dit chez nous, où chacun peut tout utiliser. Ils sont quand même délimités par les nôtres ! C'est compliqué parce que les endroits changent au fil des saisons et des besoins. Maintenant nous avons les jurats qui s'occupent des affaires de nos Vallées mais nous autres ne savons pas grand-chose, ce sont nos seigneurs qui les désignent.

— Ça va s'arranger chez vous aussi ! Votre production est importante. Elle permet de commercer avec l'Espagne. Ce minerai sert de monnaie d'échange, comprends-tu ?

— C'est vrai, puisqu'on l'échange contre du poisson et d'autres denrées encore. Mon frère dit aussi qu'il y a du commerce sauvage, des muletiers traginers qui font des transports clandestins !

—No et preocupis, d'això també ens n'encarreguem. Les ordenances reials hi són per això.

—El cosí del meu pare és traginer, ell diu que és l'ofici més bell. És honest, és una bona persona que transporta troncs tot el dia; es coneix els camins com si fossin casa seva, i cuida moltíssim les seves mules. Diu que tenen la intel·ligència de les eugues i el valor de l'ase! Al vespre ens explica moltes històries dels nostres boscos... i també històries divertides de la muntanya! L'altra nit ens va parlar del Canigó, li'n diu el mont-no hi-veig-gota; sembla que no hi ha viscut mai cap home, perquè ningú no hi pot pujar de tan costerut i difícil com és el camí. Només el rei Pere III d'Aragó va arribar gairebé fins al cim, i allà va veure un drac enlairar-se d'un llac! També diu que els mariners li van explicar que els compassos i les brúixoles s'hi espatllen!

Corbeyran somrigué! El pastor es prenia molt seriosament els rumors i les històries de dracs! Amb tot, li ensenyava força coses. Perquè, si bé s'esforçava a fer la impressió al pastor que estava al corrent de tot, que supervisava i administrava, no era pas ben bé així.

I xerrant xerrant, s'havia escolat el dia. El Manel tenia ganes de moure's, no estava acostumat a quedar-se assegut durant hores sense fer res. Trobava la seva aventura ben estranya: estar-se aquí, en un castell, sense fer res més que parlar amb el senyor! Quan ho expliqués en tornar a casa no se'l creuria ningú! Tothom li diria que fantasiejava.

—No us podria ser útil en alguna cosa, senyor?

—Ja ho has estat, amic meu, més que no et penses.

LE BERGER D'ANDORRE

— Ne t'inquiète pas, de cela aussi on s'occupe. Les ordonnances royales sont là pour cela.
— Le cousin de mon père est traginer, il dit que c'est le plus beau des métiers. Il est honnête, lui. C'est un sacré bonhomme, il transporte des rondins toute la journée, il connaît les chemins comme sa poche, et soigne sacrément bien ses mulets. Il dit qu'ils ont l'intelligence de la jument et le courage de l'âne ! A la veillée, il nous raconte plein d'histoires qui viennent de nos belles forêts...et aussi de drôles d'histoires de montagne ! L'autre soir, il nous a parlé du Mont Canigou, il l'appelle le mont-n'y-voi-goutte, il paraît que jamais un homme n'y a habité parce que personne ne peut y grimper tant le chemin est raide et pénible. Il n'y a que le roi Pierre III d'Aragon qui est arrivé presqu'en haut, et là il a vu un drac s'envoler d'un lac ! Il dit aussi que les marins lui ont raconté que les boussoles et les compas s'y dérèglent !

Corbeyran sourit ! Le jeune berger prenait très au sérieux ces rumeurs et ces histoires de dragons ! Ceci dit il lui apprenait pas mal de choses. Parce que, s'il s'efforçait de donner l'impression au jeune berger d'être au courant de tout, de superviser et gérer, ce n'était pas tout à fait le cas.

A deviser ainsi, la journée était passée. Manel avait envie de bouger ; il n'était pas habitué à rester ainsi assis de longues heures sans rien faire. Il trouvait son aventure bien étrange, se retrouver ici, dans un château, à ne rien faire d'autre que parler avec le seigneur des lieux ! Quand il raconterait cela en rentrant, personne ne voudrait le croire ! On dirait qu'il affabule.

— Ne puis-je vous être utile à quelque chose, Messire ?
— Mais tu l'as été, mon jeune ami, plus que tu ne le crois.

El jove es va sentir molt afalagat, malgrat que no entenia en què...

Amb el permís de l'amo, es va aixecar per desentumir les cames i es va passejar per les sales del castell. Els seus passos el van portar de seguida a la cuina, on la Perrine, asseguda a taula, estava amassant. Endevinava els seus cabells negres lligats sota la còfia, mentre ella acotava el cap, concentrada en la feina. Detectant una presència, va aixecar els ulls i el va veure.

—M'heu espantat!

—Ho sento, no era la meva intenció. Et mirava treballar.

—Heu tingut un dia agradable?

—A fe, he parlat amb mon senyor Corbeyran tota l'estona, no estic acostumat a estar així, sense fer res. M'ha dit que li he estat útil, però no veig com!

—Bé, li heu fet companyia. Des de la mort de Febus, s'avorreix. Li costa molt refer-se'n.

—Tanmateix té fills.

—Sí, però durant més de vint anys el seguia pertot arreu. Ell li era deu anys més gran, així que li va ensenyar tot, el protegia. I a més, només té un fill i encara és jove. I ell s'està fent gran. No és el mateix. Mai no compartirà amb el seu fill Joan el que compartia amb Febus!

—I si parlem una mica de tu?

—Oh, de mi, no hi ha gran cosa a dir.

—Quan acabis de treballar, ens podríem veure una estona? Vine'm a buscar.

La Perrine va assentir tímidament.

Le jeune homme se trouva fort flatté, même s'il ne comprenait pas en quoi …

Avec la permission du maître, il se leva pour se dégourdir les jambes et arpenta les salles du château. Ses pas le conduisirent bien vite vers la cuisine, où Perrine, assise à la table, pétrissait une pâte. Il devinait ses jolis cheveux noirs noués sous sa coiffe, tandis qu'elle gardait la tête baissée, concentrée sur son travail. Sentant une présence, elle leva les yeux et l'aperçut.

— Vous m'avez fait peur !

— Pardon, ce n'était pas mon intention. Je te regardais travailler.

— Votre journée a été agréable ?

— Ma foi, j'ai parlé avec Messire Corbeyran tout le temps, je n'ai pas l'habitude de rester ainsi sans rien faire. Il me dit que je lui ai été utile, mais je ne vois pas bien comment !

— Eh bien, déjà vous lui avez tenu compagnie. Depuis la mort de Fébus, il s'ennuie. Il a bien du mal à s'en remettre.

— Il a pourtant des enfants.

— Certes, mais pendant plus de vingt ans il l'a suivi partout. Il avait dix ans de plus que lui, alors il lui a tout appris, il l'a protégé. Et puis, il n'a qu'un seul fils qui est encore jeune. Et lui il vieillit. Ce n'est pas pareil. Il ne partagera jamais avec son fils Jean ce qu'il a partagé avec Fébus !

— Et si on parlait un peu de toi ?

— Oh, moi, y'a pas grand-chose à en dire.

— Après ton travail, on pourrait se voir un peu ? Viens donc me rejoindre.

Perrine acquiesça timidement.

EL PASTOR D'ANDORRA

El Manel es retrobà amb Corbeyran de Foix i la seva família per sopar. En acabat, el senescal, com de costum, se n'anà a asseure's a la vora del foc. Al Manel li feia llàstima veure aquest home tan amable trist i pensatiu. No sabia gaire com fer-s'ho, però tenia ganes de dir-li el que havia sentit a dir de bo sobre Febus a Andorra. Per descomptat, es deia que era un home tan violent que havia matat el seu fill en un atac de ràbia. Però també se'n deien algunes coses bones, encara que al Manel li costava entendre de què anava.

—Sabeu, senyor, he entès prou bé que l'estimàveu, el vostre Febus. A casa meva es diu que va voler fer d'Andorra un alou, com ho havia fet en algunes terres del Bearn, però que finalment això ens ha estat profitós en el terreny fiscal i comercial. Jo no hi entenc res, de totes aquestes coses, però no devia pas ser tan dolent com això, doncs!

Aquesta anàlisi simplista va fer somriure Corbeyran. Les coses eren lluny d'haver estat tan fàcils i la gestió de Febus tan desinteressada. Però el cas és que, vist l'embull dels drets feudals i de la política dels comtes de Foix, que s'havien aprofitat d'aquesta oportunitat per estendre's cap a la banda espanyola, els andorrans se n'havien sortit prou bé. Havien sabut treure profit d'una situació molt complexa en aquests territoris enclavats entre Espanya i França, i ara gaudien d'un territori transfronterer amb una identitat ben viva.

—T'agraeixo que hagis dit alguna cosa bona de Febus. No t'explicaré pas totes les maniobres polítiques que hi han intervingut, però si és així com ho percebeu a Andorra, a mi ja em va bé.

Corbeyran es va quedar pensatiu, però un lleuger somriure es dibuixava als seus llavis.

Manel retrouva Corbeyran de Foix et sa famille pour le souper. Après le repas, le Sénéchal alla comme à l'accoutumée s'asseoir au coin d'un bon feu. Manel avait de la peine de voir cet homme si gentil triste et songeur. Il ne savait trop comment s'y prendre mais avait envie de lui dire ce qu'il avait entendu dire de bien en Andorre sur Fébus. Bien sûr on racontait que c'était un homme tellement violent qu'il avait tué son fils dans un accès de rage. Mais, on disait aussi quelques bonnes choses, même si Manel avait du mal à bien comprendre de quoi il retournait.

—Vous savez, Messire, j'ai bien compris que vous l'aimiez votre Fébus. Par chez moi on dit qu'il a voulu faire de l'Andorre un alleu, comme il avait fait de certaines terres du Béarn, mais que finalement ça nous a rendu service sur le plan fiscal et commercial. Moi je n'entends rien à toutes ces choses, mais c'est donc qu'il n'était pas si mauvais que ça !

Cette analyse simpliste fit sourire Corbeyran. Les choses étaient bien loin d'avoir été si faciles et la démarche de Fébus si désintéressée. Mais le fait est, que vu l'embrouillamini des droits féodaux et de la politique des Comtes de Foix, qui avaient profité d'une opportunité pour s'étendre sur le versant espagnol, les Andorrans s'en étaient plutôt bien sortis. Ils avaient su tirer avantage d'une situation fort complexe dans ces territoires enchevêtrés entre l'Espagne et la France et jouissaient maintenant d'un territoire identitaire transfrontalier bien vivant.

— Je te remercie mon jeune ami de dire un peu de bien de Fébus. Je ne vais pas t'expliquer toutes les manœuvres politiques qui ont joué, mais si c'est ainsi que vous le percevez en Andorre, moi cela me va.

Corbeyran restait songeur, mais un léger sourire se dessinait sur ses lèvres.

EL PASTOR D'ANDORRA

El Manel se sentia millor, li semblava que havia aportat una mica de bàlsam a l'ànim del seu amfitrió, a qui aquesta tarda trobava especialment melancòlic. Ara tenia moltes ganes d'escapar-se'n i trobar-se amb la Perrine. Confiava que el vindria a buscar.

Ella dubtava. Per descomptat, aquest pastor era molt agradable, però no era d'aquí. Per què havia de començar res amb ell? D'altra banda, les distraccions eren poques, sobretot a l'hivern, i anar a parlar una mica amb ell no la comprometia a res. Tret que la conversa era una mica difícil. El senyor Corbeyran parlava català, occità i també espanyol, per ell era fàcil... La Perrine només parlava occità. Però al cap i la fi, va pensar, què hi fa si la conversa és difícil, quin mal hi ha a passar una estona en bona companyia?

El Manel va sentir els seus passos per l'escala. Es va aixecar i la va anar a esperar a la porta. La noia s'hi va atansar amb timidesa. El Manel la va atreure cap a ell agafant-li la mà, i l'abraçà. De primer estava una mica rígida i tensa, però finalment es va deixar anar. Es van passar la resta de la nit joguinejant amorosament. Parlaren poc...

La Perrine se'n va tornar al seu llit amb el cap ple de somnis. De tota manera, no es veia deixant el castell i anant cap a Andorra. Les coses desconegudes li feien massa por. De més jove havia volgut anar a la ciutat de Pàmies per aprendre a tenyir teles amb l'herba del pastell, com una de les seves cosines, però va tenir la sort de trobar aquesta feina al castell i, naturalment, per als seus pares no era qüestió de deixar-la perdre. I hi estava bé, aquí. Amb tot, es va adormir pensant encara en els ocells que ell li havia descrit, o almenys en el que n'havia entès...

Manel se sentait mieux, il avait l'impression d'avoir apporté un peu de baume au cœur de son hôte, qu'il voyait si mélancolique depuis tantôt. Maintenant il avait bien envie de s'échapper et de retrouver Perrine, en espérant qu'elle vienne le rejoindre.

Celle-ci se tâtait. Bien sûr, ce berger était tout à fait plaisant mais il n'était pas d'ici. A quoi bon entreprendre quoi que ce soit avec lui. D'un autre côté, les distractions étaient rares, surtout en hiver et aller parler un peu avec lui n'engageait à rien. Si ce n'est que la conversation était un peu difficile. Le Sieur Corbeyran parlait catalan, occitan et aussi espagnol, pour lui c'était facile... Perrine, elle, ne parlait que l'occitan. Et puis après tout, se dit-elle, tant pis si la conversation est difficile, passer un moment en agréable compagnie, quel mal y avait-il à cela ?

Manel entendit ses pas dans l'escalier. Il se leva et alla l'attendre à la porte. La jeune fille le rejoignit timidement. Il l'attira à lui en lui prenant la main et l'enlaça. D'abord un peu raide et crispée, elle se laissa finalement aller contre lui. Ils passèrent ainsi le reste de la soirée à badiner gentiment. Ils parlèrent peu...

Perrine regagna son lit, la tête pleine de rêves. Néanmoins elle ne se voyait pas quitter le château, et partir en Andorre. L'inconnu lui faisait trop peur. Plus jeune elle avait souhaité rejoindre la ville de Pamiers pour apprendre à teindre les draps avec le pastel, comme une de ses cousines, mais elle avait eu la chance d'avoir cette place au château et pour ses parents il n'était évidemment pas question qu'elle la laisse passer. Elle était bien ici. Elle s'endormit néanmoins en pensant aux oiseaux qu'il lui avait décrits, ou du moins de ce qu'elle en avait compris...

L'endemà, la neu havia deixat de caure i el Manel va tornar a anar a treballar amb el Gaspard. Es va alegrar molt de tornar a ser a l'aire lliure. Realment feia fred, però hi estava acostumat i les llargues discussions amb Corbeyran l'havien cansat. Caminar i tallar llenya, això li agradava molt més. Mentre treballava es va posar a cantar.

—Què és aquesta cançó? —li va preguntar Gaspard.

—És una antiga tornada que explica que Carlemany va fundar Andorra per agrair als seus habitants que l'haguessin ajudat a lluitar contra els sarraïns.

—Ah, així doncs, és gràcies a Carlemany que existiu!

—Si vols, però tampoc no cal exagerar...

El Manel no en sabia res, de l'origen d'aquesta cançó, però tot i així la cantava amb entusiasme.

Així van passar uns quants dies. Al vespre tornava una mica cansat, sopava amb la família senyorial i continuava parlant amb Corbeyran de Foix, sempre ple de curiositat per saber tot el que passava fora.

La nit abans li havia demanat sobre la catedral de Lleida. Corbeyran era molt simpàtic, però li parlava com si ell hagués de conèixer tot Catalunya, i això era ben lluny de la realitat: el Manel era un pastor i, a part de les Valls i la seva muntanya, només sabia el que li explicaven.

—Em van dir que fa temps era un lloc de culte musulmà. Després va començar la construcció de la catedral, fa gairebé 200 anys, i encara no està acabada! No obstant això, sembla que ja ha estat consagrada i que hi fan repicar tres cops la campana per l'Àngelus des de fa molt de temps! En fi, això és el que ens va explicar un comerciant...

LE BERGER D'ANDORRE

Le jour suivant, la neige ayant cessé de tomber, Manel repartit travailler en compagnie de Gaspard. Il était bien content de se retrouver en plein air. Certes il faisait froid, mais il était habitué et les longues discussions avec Corbeyran l'avaient fatigué. Marcher et couper le bois, voilà qui lui convenait davantage. Tout en travaillant il se mit à chanter.

— Quelle est donc cette chanson ? lui demanda Gaspard.

— C'est un vieux refrain qui raconte que Charlemagne a fondé Andorre pour remercier ses habitants de l'avoir aidé à lutter contre les Sarrasins !

— Ah c'est donc grâce à Charlemagne que vous existez !

— Si tu veux, mais faut pas exagérer quand même !...

Manel ne savait rien de l'origine de cette chanson, mais il la chantait néanmoins avec entrain !

Plusieurs jours passèrent ainsi. Le soir il rentrait un peu fourbu, soupait avec la famille seigneuriale, continuait de parler avec Corbeyran de Foix, toujours aussi curieux de tout ce qui se passait par ailleurs.

Hier soir il lui avait posé des questions sur la Cathédrale de Lerida. Corbeyran était bien sympathique mais il lui parlait comme s'il connaissait toute la Catalogne. C'était loin d'être le cas, Manel était berger et lui, à part les Vallées et sa montagne, il ne savait que ce qu'on lui racontait.

— On m'a dit que dans le temps, c'était un lieu pour le culte musulman. Ensuite on a commencé la construction de la cathédrale, cela fait presque 200 ans et les travaux ne sont toujours pas terminés ! Pourtant il paraît qu'elle a déjà été consacrée et qu'on y fait tinter trois fois la cloche pour sonner l'angélus depuis déjà fort longtemps ! Enfin, c'est ce que nous a raconté un marchand...

Després d'acomiadar-se de Corbeyran, el Manel es va trobar amb la Perrine, com acostumaven a fer cada nit.
—El Gaspard diu que cantes mentre treballes.
—És cert. Cançons de casa meva.
—No estàs bé aquí?
—Sí, és clar, però hauré de tornar per preparar les pastures d'estiu. Vols venir amb mi?
A la Perrine li hauria agradat dir-li que sí, però sabia que no era possible. Se sentia molt unida al Manel, però era tot massa complicat. Com havia de deixar aquesta feina tan bona per anar a un lloc desconegut? No, tot això només eren somnis...
—Saps que no puc...
—Au, vine als meus braços. Aprofitem aquesta nit.

L'endemà, el Manel se'n va anar a trobar el senescal per informar-lo de la seva intenció de marxar, i sobretot per donar-li les gràcies per totes les seves atencions.
—Bé, si te n'has d'anar, noi, fes el que hagis de fer. Què faràs quan arribis a casa teva?
—He de preparar les pastures d'estiu, senyor. Cal que organitzi els itineraris. I per això abans els he de fer jo, per adaptar els trajectes. He de preparar l'orri, les pastures d'estiu duren molt de temps i les distàncies són molt llargues. Tot plegat vol molta preparació.
—Aquí a la nostra terra, al comtat de Foix, es concedeixen privilegis, drets d'orri i de pasturatge per als orris i les pastures d'estiu que estan situats en terrenys públics.
—A casa nostra també hi ha el dret d'orri, potser us ho devem a vosaltres...?

Après avoir pris congé de Corbeyran, Manel retrouva Perrine comme ils en avaient pris l'habitude chaque soir.
—Gaspard dit que tu chantes en travaillant.
—C'est vrai. Des chants de chez moi.
—Tu n'es pas bien ici ?
—Si, bien sûr mais il va falloir que je rentre pour préparer l'estive. Tu viendrais avec moi ?
Perrine aurait bien aimé lui répondre oui, mais elle savait que ce n'était pas possible. Elle s'était attachée à Manel, mais tout cela était bien trop compliqué. Comment aurait-elle pu quitter cette bonne place pour partir dans une région inconnue ? Non tout cela n'était que rêves…
— Tu sais bien que je ne peux pas…
— Allez viens dans mes bras. Profitons pour ce soir.

Le lendemain Manel s'en alla trouver le Sénéchal pour lui faire part de son intention de partir, et surtout pour le remercier pour toutes ses bontés.
— Eh bien, si tu dois rentrer mon garçon, fais ce que tu dois. Que vas-tu faire en rentrant ?
— Je dois préparer l'estive, Messire. Il faut que j'organise les parcours. Pour ça il faut que je les emprunte d'abord moi-même pour adapter les trajets. Il faut que je fasse l'orri, l'estive dure longtemps et les distances sont bien longues et étendues. Ça demande beaucoup de préparation.
— Ici sur nos terres, dans le Comté de Foix, on accorde des privilèges, des droits d'orriage et de pâturage pour les orris et les estives qui sont situés sur des terrains domaniaux.
— Chez nous aussi il y a le droit d'orri, c'est peut-être à vous qu'on le doit ?…

—Sens dubte. Hem regulat un munt de coses. Amb la signatura dels tractats de lies i patzeries hem resolt els problemes fronterers que hi havia.
—Sí, amb les fites veiem els límits. Ens podem ajudar els uns als altres en cas d'escassetat o de fam i resoldre els nostres problemes de veïnatge. Fins i tot, fem intercanvi amb vosaltres!

Totes aquestes qüestions legals avorrien el Manel, que va reprendre la seva història allà on l'havia deixat.
—He de fer dues cabanes, altrament hauria de caminar massa. En necessito una ben amunt per vigilar els animals que tresquen cap a les solanes per menjar-hi el trèvol de muntanya! Els he de separar per evitar l'empobriment de l'herba, he de posar a banda les ovelles bacives, perquè sinó es barallen amb les altres! Tenim els dies ben ocupats, creieu-me, senyor! Entre munyir al matí, preparar el quall per fer formatge, buscar els animals que s'extravien, recollir brucs i abarsets per fer foc, curar els animals ferits, munyir a la tarda... us asseguro que al final del dia m'he guanyat un bon descans! Dit això, aquesta és tota la meva vida i la prefereixo a qualsevol altra feina més tranquil·la! Però abans de marxar cap a les pastures he de repassar tot l'equipament, m'he d'assegurar que el material està ben net, que tinc tot el que em fa falta per a les cures... He de preparar tots els meus estris i preveure també la meva alimentació. Ho veieu, estaré ben ocupat!
—És clar. Bé, amic, farem un bon àpat per celebrar la teva partida!
—Això m'és massa honor, senyor!
—Au anem. He passat moments molt agradables en la teva companyia. M'has aclarit un munt de coses.

—Sans doute. Nous avons mis pas mal de choses en place, en signant les traités de lies et de passeries, nous avons réglé les problèmes frontaliers qui existaient.

—Oui, avec les pierres levées, on voit les limites. On peut s'entraider en cas de disette ou de famine et régler nos problèmes de voisinage. On fait même des échanges avec vous !

Toutes ces questions de droit ennuyaient Manel. Il reprit son histoire là où il l'avait laissée.

—Il faut que je fasse deux abris sinon cela me fait trop de marche, il m'en faut un bien haut pour surveiller les bêtes qui crapahutent vers les soulanes pour y manger le trèfle de montagne ! Il faut que je les sépare pour éviter d'appauvrir les herbages, que je mette à part les vacives, parce que sinon elles se disputent avec les autres ! Ça fait des journées bien remplies, croyez moi Monseigneur ! Entre la traite du matin, la préparation du caillé pour faire le fromage, rechercher les bêtes qui s'égarent, ramasser des bruyères et des rhododendrons pour faire le feu, soigner les bêtes blessées, la traite du soir, je vous assure qu'à la fin de la journée, mon repos je ne le vole pas ! Ceci dit, c'est là toute ma vie et je la préfère à tout autre travail tranquille ! Mais avant de partir il faut que je m'occupe de l'entretien des équipements, que je vérifie que le matériel est bien propre, que j'ai tout ce qu'il me faut pour les soins... Je dois préparer tout mon fourbi et prévoir aussi mon alimentation. Vous voyez, je vais être bien occupé !

— C'est certain. Eh bien mon ami, nous allons faire un bon repas pour fêter ton départ !

— C'est me faire trop d'honneur, Monseigneur !

— Allons donc, j'ai passé de bien agréables moments en ta compagnie. Tu m'as éclairé sur pas mal de choses.

—Us agreixo la vostra amabilitat.

Corbeyran va donar ordres perquè a la cuina preparessin un bon sopar.

—Aquest vespre menjarem carn de porc amb verdures i beurem vi! Li he demanat a la Perrine que ens faci un dels seus deliciosos pastissos de poma. Estic segur que hi posarà tot el cor!

El Manel es va adonar del to irònic del senescal i va somriure. Tanmateix, ells havien fet tot el possible per ser discrets...

Tothom va seure a taula i després que Corbeyran de Foix hagués fet la benedicció, tots es van abalançar sobre la sopa per escalfar-se abans d'atacar el porc a l'ast servit amb espècies. El Manel trobà aquest menjar deliciós, malgrat un lleuger regust de final d'estada. El poc vi que havia begut li havia pujat una mica al cap. No hi estava acostumat. Al final de l'àpat van servir el pastís de la Perrine, que era realment deliciós.

—Ah! Quan es fa amb amor —va continuar Corbeyran en to de broma!

Les seves dues filles grans es van posar a riure, cosa que va posar Manel una mica incòmode. Però això no li va impedir d'apreciar el pastís...

La Perrine el va anar a veure a la seva habitació. Ell ja havia preparat l'equipatge, sobre el qual la noia va llançar una trista mirada. El seu petit idil·li tocava a la fi. Ella reprendria la seva rutina, i els dies li semblarien molt insípids; aquestes últimes setmanes les havia passat esperant el moment en què es trobaven, i ho feia tot amb moltes més ganes.

—Estic trista perquè te'n vas.

— Soyez remercié pour votre bonté.
Corbeyran donna des ordres afin qu'en cuisine on prépare un bon souper.
— Ce soir nous mangerons du porc avec des légumes et boirons du vin ! J'ai demandé à Perrine de nous faire une de ses délicieuses tartes aux pommes. Je suis sûre qu'elle va y mettre tout son cœur !
Manel releva la remarque ironique du Sénéchal et sourit. Ils avaient pourtant fait leur possible pour être discrets...

Tout le monde se mit à table et après que Corbeyran de Foix eut récité le bénédicité, tous se jetèrent sur la soupe pour se réchauffer avant d'attaquer le porc à la broche servi avec les épices. Manel trouva ce repas délicieux malgré un léger arrière-goût de fin de séjour. Le peu de vin qu'il avait bu lui tournait légèrement la tête. Il n'avait pas l'habitude. A la fin du repas, on servit la tarte de Perrine qui était, en effet, savoureuse.
— Ah ! Quand c'est fait avec amour, continua Corbeyran en plaisantant !
Les deux plus grandes de ses filles se mirent à glousser, ce qui mit Manel un peu mal à l'aise. Mais il n'en apprécia pas moins la tarte pour autant...

Perrine vint le rejoindre dans sa chambre. Il avait déjà préparé son bagage, sur lequel elle jeta un triste regard. Leur petite idylle touchait à sa fin. Elle allait reprendre sa routine, et les journées lui sembleraient bien fades ; ces dernières semaines, elle les avait passées dans l'attente du moment où ils se retrouveraient, et mettait du cœur à tout ce qu'elle faisait.
— Je suis triste que tu repartes.

—Jo també, Perrine, però és així. Tu tens la teva vida aquí, i jo tinc la meva a Andorra, amb la meva família i els meus animals.
—Sí, ja ho sé, són més importants que jo...
—Ja saps que això no hi té res a veure. El meu ramat fa viure en gran part la meva família. A casa nostra, a les Valls, la vida s'organitza sobretot al voltant d'aquesta activitat.
—Sí, tens raó.

El Manel baixà d'hora, com si anés a treballar, i va veure que l'esperava un bon esmorzar. Es va emocionar.
—Gràcies, senyor.
—Digues, Manel, què et semblaria tornar aquí per donar un cop de mà al Gaspard quan el teu bestiar torni a eixivernar?
El pastor es va sorprendre tant que es va quedar sense paraules.
—Què, no em respons?
—Sí, sí, senyor, és clar.
—És clar què? Que em respons? O bé és clar que sí, que hi estàs d'acord?
—Tot, tot, senyor, us responc que sí, estaré content, vull dir orgullós de tornar al vostre servei. Us estic tan agraït...
La Perrine, que ho havia sentit tot, va sortir de la cuina esperitada. Quan va veure la mirada del seu amo girant-se cap a ella, va fer mitja volta.
—Queda't, Perrine. Vine a dir adéu al teu amic, ja que serà fora uns mesos!

— Moi aussi Perrine, mais c'est ainsi. Tu as ta vie ici et moi la mienne est en Andorre, auprès des miens et avec mes bêtes.

— Oui, je sais, elles comptent plus que moi...

— Tu sais bien que ça n'a rien à voir. Mon troupeau fait en grande partie vivre ma famille. Chez nous, dans les Vallées, la vie s'organise principalement autour de cette activité.

—Oui, tu as raison.

Manel descendit de bonne heure, comme s'il allait travailler et vit qu'un copieux petit déjeuner l'attendait. Il en fut très ému.

— Merci, Monseigneur.

— Dis-moi Manel, ça te dirait de revenir prêter main forte à Gaspard quand tes bêtes seront de nouveau en hivernage ?

Le jeune berger fut tellement surpris qu'il en perdit la parole.

— Eh bien, tu ne me réponds pas ?

— Si, si, Messire, bien sûr.

— Bien sûr quoi ? Tu me réponds ? Ou bien sûr oui tu es d'accord ?

— Les deux, les deux, Messire, je vous réponds que oui, je serai content, enfin fier de revenir à votre service. Je vous suis si reconnaissant...

Perrine, qui avait tout entendu, sortit de sa cuisine comme un diable de sa boîte. Quand elle vit le regard de son maître se tourner vers elle, elle fit demi-tour.

—Reste Perrine. Viens dire au revoir à ton ami puisqu'il va s'absenter pour quelques mois !

La serventa volia saltar-li al coll, però la correcció li ho va impedir. Es va acontentar d'acostar-se i saludar educadament el Manel

Corbeyran féu un gest al seu fill i a les seves filles, que havien vingut a acomiadar-se, perquè entressin a dins amb la seva mare, i va deixar els dos joves junts.

El seu comiat va ser breu i sense llàgrimes. La Perrine ja pensava en el seu retorn. Ell també estava feliç amb aquesta proposta. El Manel pensà en els seus animals i en els preparatius que l'esperaven i això també li va omplir el cor d'alegria.

Corbeyran de Foix, assegut darrere el finestral, mirà com se n'anava el pastor. Finalment, aquesta trobada inesperada havia estat molt agradable i enriquidora. Proposar-li de tornar era una bona idea. Per descomptat, això plaïa a la Perrine, però òbviament aquesta no era la seva principal motivació. No, ara que l'edat l'obligava a ser un home casolà, aquesta seria una bona manera d'accedir a les notícies del món exterior. Aquí, al comtat de Foix, encara es podia desplaçar i tenia prou ocasions per trobar-se amb els altres senyors, però Andorra, d'on era el representant del cosobirà, quedava molt lluny. I, a més, la innocència del pastor era un avantatge. Ell, almenys, no capgiraria la veritat.

El Manel va emprendre el llarg viatge que l'havia de portar de tornada a casa, enriquit amb la seva aventura. Estava en pau i va començar a cantar. Tot es barrejava al seu cap, la Perrine, els seus animals, les fargues, Febus... L'aire d'aquest final d'hivern era vigoritzant i caminava de pressa. La distància no l'espantava. Va somriure pensant què farien els seus quan els ho expliqués!

La jeune servante avait envie de lui sauter au cou, mais la bienséance le lui interdisait. Aussi se contenta-t-elle de s'approcher et de saluer poliment Manel.

Corbeyran fit signe à son fils et ses filles, qui étaient venus dire au revoir, de rentrer à l'intérieur rejoindre leur mère. Il laissa les deux jeunes gens ensemble.

Leurs adieux furent brefs et sans larmes, Perrine pensait déjà à son retour. Aussi heureux fut-il par cette proposition. Manel pensait à ses bêtes et aux préparatifs qui l'attendaient et cela aussi remplissait son cœur de joie.

Corbeyran de Foix, assis derrière la croisée regarda le jeune berger s'en aller. Finalement cette rencontre imprévue avait été bien agréable et bien enrichissante. Lui proposer de revenir était une bonne idée. Bien sûr, cela faisait plaisir à Perrine, mais ce n'était évidemment pas sa principale motivation. Non, maintenant que l'âge l'obligeait à être plus casanier, ce serait un bon moyen d'avoir des nouvelles du monde extérieur. Ici, dans le Comté de Foix, il pouvait encore se déplacer et les occasions de rencontrer les autres seigneurs étaient suffisamment nombreuses, mais l'Andorre où il représentait le co-suzerain était loin. Et puis l'innocence de ce jeune berger était un atout. Lui, au moins, ne tournerait pas la vérité.

Manel entreprit le long voyage de retour qui le mènerait chez lui, riche de son aventure. Il était en paix et se remit à chanter. Tout se mélangeait dans sa tête, Perrine, ses bêtes, les moulines, Fébus... L'air de cette fin d'hiver était vivifiant et il marchait d'un pas vif. La distance ne lui faisait pas peur. Il souriait en pensant à la tête que feraient les siens quand il leur raconterait !